CRÉMIEUX

EN COURS DE PUBLICATION

CHEZ LE MÊME LIBRAIRE.

MÉMOIRES DE NINON DE LENCLOS

PAR EUGÈNE DE MIRECOURT

60 livraisons à 25 centimes, avec gravures.
18 fr. l'ouvrage complet par la poste.

OUVRAGE TERMINÉ

CONFESSIONS DE MARION DELORME

PAR EUGÈNE DE MIRECOURT

60 livraisons à 25 centimes, avec gravures
18 fr. l'ouvrage complet par la poste.

PARIS. — IMP. SIMON RAÇON ET COMP., RUE D'ERFURTH, 1.

CRÉMIEUX

Publié par G. HAVARD .   Imp. de Manseau, 6, r. S. Jacq. Pa.

LES CONTEMPORAINS

CRÉMIEUX

PAR

EUGÈNE DE MIRECOURT

PARIS

GUSTAVE HAVARD, ÉDITEUR

15, RUE GUÉNÉGAUD, 15

1857

CRÉMIEUX

En 1795, vivait à Nîmes une riche famille juive, dont le chef avait accepté sous la Terreur les fonctions d'officier municipal.

On lui en fit un crime, et on l'emprisonna.

Toutes les calamités semblèrent alors se réunir pour tomber sur le triste descendant d'Israël. Sa maison de commerce, qu'il avait soutenue pendant la première période révolutionnaire, avec une peine extrême et au prix des sacrifices les plus durs, ne tarda pas à s'engloutir dans le gouffre de la faillite.

En même temps il perdait coup sur coup deux fils et une fille.

Les juges prononcèrent son acquittement; mais ils ne purent lui rendre ni sa fortune ni les enfants que lui avait enlevés la mort.

Ce fut au milieu de ce deuil et de ces désastres que vint au monde le célèbre avocat dont nous allons écrire l'histoire.

Isaac-Moïse Crémieux est né le 11 floréal an IV (30 avril 1795).

Une fois libre, Crémieux père tâcha de retrouver du crédit, non pour demander au travail le retour de son ancienne opulence, — car ses efforts ne pouvaient atteindre ce but, — mais pour achever de liquider un passif énorme et obtenir une réhabilitation.

C'était un caractère honnête, et surtout plein de sagesse.

Il n'avait ni les préjugés ni les instincts de sa race : avant de faire un juif de son fils, il voulut en faire un homme et un Français.

A l'exemple de tous ses coreligionnaires intelligents, il se moquait des vieilles sottises hébraïques, sans les heurter de face autant que possible, mais aussi sans leur faire la moindre concession.

Bientôt il jugea convenable d'appeler son fils *Adolphe*, et non *Moïse-Isaac*, profitant pour cela d'un décret du premier consul, qui autorisait les juifs à changer contre des prénoms modernes ceux qu'ils tenaient de l'héritage des patriarches.

Or, aujourd'hui, ce même fils, guidé par des instincts analogues de sagesse et de prudence, n'a pas cru devoir obéir aux prescriptions d'un culte enterré depuis dix-neuf siècles. Il a voulu mettre ses héritiers à l'abri de l'espèce de réprobation sociale qui, malgré tout, continue de peser sur la secte déicide.

Deux enfants, garçon et fille, issus de

son mariage avec une juive, n'appartiennent plus à Israël.

Le lendemain de leur naissance, il a demandé pour eux le baptème[1].

Ce fait est de notoriété publique. On doit d'autant moins le passer sous silence, qu'il est entièrement à la louange de notre héros, car la tendresse paternelle a été son unique mobile.

Nous ne l'accusons en aucune sorte de conviction chrétienne.

Adolphe Crémieux manifesta, dès l'enfance, une intelligence rare et des disposi-

---

[1] Mademoiselle Crémieux, grâce à cette détermination de son père, a pu contracter un mariage très-sortable avec un catholique, avoué à la Cour impériale.

tions merveilleuses pour l'étude. Il passait, aux yeux de ses maîtres, pour un petit prodige. A l'âge de six ans, aux distributions de prix, il récitait à la foule émerveillée des morceaux énormes de poésie française.

Talma, neuf ou dix années après, l'entendit, un soir, dans sa loge, lui répéter, sans omettre un hémistiche, tout le dernier acte d'une tragédie qu'on venait de représenter.

— Diable! Mais tu savais donc cela par cœur? lui dit-il.

— Non, j'ai vu la pièce aujourd'hui pour la première fois, et je ne l'avais pas même lue, répondit Adolphe.

C'était vrai.

L'illustre tragédien et mademoiselle Mars, fort liés l'un et l'autre avec un oncle du jeune homme, s'amusèrent plus d'une fois à mettre à l'épreuve cette mémoire surprenante.

On avait envoyé Adolphe achever ses classes au lycée impérial[1].

Il se distingua parmi les plus studieux élèves et fut un des lauréats du grand concours. Son bonheur le plus doux, à l'époque des vacances, était d'aller offrir ses couronnes à l'excellente famille qui sacrifiait tout pour son éducation.

Crémieux a donné par la suite à la mémoire de son père une preuve touchante de piété filiale

[1] Son oncle lui servait de correspondant.

Mais laissons la biographie suivre son cours.

En 1815, la réinstallation des rois légitimes attristait fort nos colléges.

On vit toute cette jeunesse, élevée militairement sous l'Empire, saluer de cris d'enthousiasme l'arrivée de Napoléon de l'île d'Elbe.

Quand les aigles reparurent aux Tuileries, Crémieux, au nom de ses camarades, rédigea une adresse, afin d'obtenir qu'on restituât aux lycées leur discipline, leurs armes et leurs tambours.

Cela fait, il sort du collége, accompagné de tous les élèves, gagne la place du Carrousel et pénètre au château, désirant remettre lui-même la supplique à César.

Mais il a compté sans Bertrand, le grand maréchal du palais.

Celui-ci arrête le cortége à la porte de l'empereur. Il veut renvoyer tous nos lycéens à la salle d'étude.

Adolphe persiste.

La grosse voix de Bertrand ne l'intimide pas, et bientôt Napoléon arrive au bruit de la querelle.

— Allons, allons! dit-il, qu'on laisse venir à moi les petits enfants!

Notre jeune délégué triomphait.

Plus tard, lorsque Bertrand revint de Sainte-Hélène, il alla rendre visite au célèbre avocat pour le consulter sur le testament de l'empereur.

— Vous avez donc oublié que nous sommes ennemis, maréchal? dit Crémieux en lui rappelant l'anecdote.

Cependant Waterloo vient de donner le coup de grâce à l'Empire..

De sanglantes réactions politiques et religieuses éclatent d'un bout à l'autre des provinces méridionales, et les parents du jeune rhétoricien le font revenir à Nîmes, où tous les cerveaux sont en proie à une exaltation terrible.

La guerre civile est imminente.

Crémieux fils, qui a eu la gloire de serrer la main de Napoléon, ne voit pas sans colère arracher le drapeau tricolore aux casernes de sa ville natale.

Il charge un fusil pour aller se battre.

On a beaucoup de peine à lui faire comprendre qu'il va nécessairement attirer sur les siens toutes sortes de catastrophes.

Cette prudence de la famille empêche le massacre; mais elle ne peut arrêter le pillage. Les terroristes blancs enfoncent la porte de M. Crémieux père, fouillent sa caisse, qu'ils trouvent presque vide, et le contraignent, un poignard sur la gorge, à leur signer des lettres de change.

Adolphe, sans plus de retard, porte plainte au procureur du roi.

— Prenez garde, lui dit un commissaire de police; retirez cette plainte, ou ils vous tueront.

— Soit, monsieur, répond l'intrépide jeune homme : il ne vous restera plus qu'à venger ma mort !

Dix-huit mois après, nous le retrouvons à Aix. Il y achève son cours à la Faculté de droit, passe une thèse éclatante, se fait inscrire au barreau de Nîmes, et débute aux assises par une plaidoirie magnifique, le lendemain même de sa prestation de serment.

Une circonstance curieuse vient signaler une de ses premières causes.

Deux individus, accusés de vol, se rejettent l'un l'autre la culpabilité tout entière de l'acte pour lequel on les incrimine. Par cela même, et afin de délivrer du poids de l'inculpation celui dont il prend la défense, l'avocat charge le coaccusé dans son discours.

—Ah! par exemple, monsieur Crémieux, vous êtes bon enfant de tomber sur moi comme vous faites! s'écrie celui-ci. Ignorez-vous que Carol se trouvait à la tête des brigands qui ont pillé votre maison en 1815?

Carol était le nom du client de Crémieux.

L'orateur se trouble et devient pâle; mais, se remettant presque aussitôt, il dit aux jurés :

« Messieurs, cet homme doit mentir. En tout cas, le pillage dont il parle a rien à faire ici. Admettons que la chose soit véritable. Les remords que doit éprouver Carol me vengent, et je lui pardonne. J'ai accepté sa défense, je le crois innocent : rien ne m'empêchera de faire mon devoir. »

Ce noble discours fut accueilli par les applaudissements de la salle entière.

Il en fallait beaucoup moins pour poser notre débutant au barreau de Nîmes. Bientôt on l'appelle à défendre un vieux brave, accusé d'avoir crié *Vive l'Empereur !* Adolphe Crémieux, en face de juges royalistes, se met à faire une peinture éloquente de nos conquêtes, de nos gloires, du sang versé pour la patrie, et le vieux sola. : voit prononcer son acquittement.

Nîmes, à cette époque, avait le chagrin d'abriter encore le monstre qui, dans les jours déplorables de la guerre civile, s'était rendu coupable des plus odieux assassinats.

Trestaillons inspirait une horreur universelle; mais on osait à peine la lui témoigner, tant le souvenir de ses crimes inspirait d'épouvante.

Crémieux seul eut plus de courage que tous ses compatriotes réunis.

Il se chargea de la défense d'un nommé Ravaud, cité par Trestaillons en police correctionnelle, parce que ce Ravaud l'avait accusé dans un lieu public de lui avoir volé sa vendange.

« Sans doute, messieurs, dit l'avo-

cat; la loi punit celui qui calomnie un de
ses concitoyens; mais cette loi bien évi-
demment ne peut être invoquée par Trestaillons. Je ne ferai pas à cet infâme
l'honneur de discuter la prévention qu'il
ose porter devant vous. L'accès des tribunaux doit lui être fermé, à moins qu'il
n'y soit traîné entre deux gendarmes pour
venir rendre compte de ses forfaits! »

On juge de l'émotion causée par ces
paroles.

Au même instant, un des collègues de
Crémieux lui pousse le bras, et lui fait
voir Trestaillons qui assiste à l'audience.

« — Grand Dieu! continue le jeune orateur, et je souffrirais sa présence dans cette
enceinte sacrée! Magistrats, j'ai dans mes

mains et je dépose sur le bureau du procureur du roi une plainte en assassinat! La voilà formée par ce qui reste de la famille Chivas. Le monstre a tué sept personnes de cette famille. Je le dénonce! »

Devant une aussi terrible apostrophe, Trestaillons prit la fuite.

Quant à Ravaud, les juges le renvoyèrent absous.

On chargeait principalement Adolphe Crémieux des affaires politiques. C'était l'avocat patriote par excellence.

Malgré les manœuvres du ministère pour influencer l'esprit des juges, il obtint la condamnation des assassins du maréchal Brune; puis il sauva de l'emprisonnement et de l'amende trois jeunes fous qui avaient chanté la *Marseillaise* à pleins poumons sous les fenêtres de la préfecture.

Crémieux jugea convenable de lire en pleine audience les strophes de l'hymne révolutionnaire.

« Eh bien, s'écria-t-il, quand il fut au bout, voilà le chant qu'on veut déclarer criminel!... Criminel? dites admirable, dites sublime! Berçons, berçons nos enfants aux nobles accents de la *Marseillaise!* »

Il y aurait là-dessus beaucoup à dire. Le républicain futur commençait à montrer le bout de l'oreille.

Nous ne voyons pas la nécessité de glisser la *Marseillaise* dans les cours d'éducation, ni pour sa valeur poétique intrinsèque, ni pour les sentiments qu'elle exprime.

Deux brillantes affaires de cour d'assises achevèrent de mettre le comble à la renommée du jeune avocat.

Grâce à lui, le trop fameux Magnan fut sauvé de la peine capitale, ainsi que toute sa bande[1].

Ce Magnan dévalisait les voyageurs, le long des grandes routes du Midi.

On se rappelle peut-être un de ses plus hauts exploits dans le genre.

Il s'était, un soir, embusqué sur le pas-

[1] La seconde affaire était celle de l'assassin Polge. Crémieux fit pleurer tous les jurés et sauva son client de l'échafaud.

sage d'une noce, qui revenait, violons en tête, au hameau de l'époux.

Magnan s'empara de la dot de la mariée.

Cette dot était de quatre-vingt mille livres.

Une fois saisi par les gendarmes, le Fra Diavolo languedocien fit prier Crémieux de le défendre et lui envoya cinq mille francs pour ses honoraires.

Adolphe prit l'argent et courut le rendre au père de la jeune femme dépouillée par le bandit.

— Tenez, lui dit-il, voilà qui vous appartient. C'est déjà une partie de la dot retrouvée !

M. Crémieux père mourut en 1819.

La succession ouverte, son fils apprit seulement le désastre commercial arrivé sous la République.

Depuis, on avait éteint le plus grand nombre des créances; mais il en restait quelques-unes, et le passif excédait encore l'actif de vingt-quatre mille francs.

Adolphe n'a plus qu'une idée, qu'un but : le payement intégral des dettes et la réhabilitation solennelle du défunt. Il va rendre visite aux créanciers, dont la plupart ont perdu leurs titres et jusqu'au souvenir de ce qui leur est dû. Mais les livres du vieux négociant font foi. Tout se retrouve, les comptes sont en règle.

Son fils rembourse jusqu'au dernier centime.

Il s'arrange pour annuler la cession de ceux qui ont vendu leur créance à vil prix et leur paye la somme entière. Cela fait, il demande une réhabilitation, que le tribunal accorde sur l'heure.

Quand un homme a de pareils traits dans sa vie, on peut lui pardonner bien des choses.

Nous invitons les personnes qui voudraient lire l'histoire complète des plaidoyers de jeunesse de notre héros à consulter les *Hommes du jour*, par Germain Sarrut et Saint-Edme[1]. Il faudrait infiniment plus de pages que n'en renferme

---

[1] Ces écrivains ont reproduit tous les détails donnés, à diverses époques, par la *Gazette des Tribunaux*.

notre cadre, si nous voulions mentionner ici toutes les causes remarquables qu'il a défendues.

Adolphe Crémieux fit à Paris un premier voyage en 1828.

Sa réputation avait depuis longtemps franchi les limites de sa province, et, tout récemment encore [1], il venait de lui donner plus d'éclat en décidant la cour royale de Nîmes à abolir le serment *more judaico*.

Dans la voiture de Lyon, Crémieux se trouve en face d'un plaideur qui lui confie ses tourments et ses craintes.

— J'ai payé mon avocat d'avance, lui dit-il, et j'en suis au désespoir. Il voit

[1] En 1827.

tout de travers. Je perdrai sûrement mon
procès.

— Quel jour plaidez-vous? lui demande
Crémieux en descendant à Lyon.

— Aujourd'hui, ce matin même.

— Eh bien, allez reprendre votre dos-
sier. L'affaire est bonne, je m'engage à
vous tirer d'embarras.

Moins de deux heures après, ayant jeté
sur les pièces un coup d'œil rapide, il
émerveillait par une plaidoirie étincelante
de verve les juges de la cour royale, ga-
gnait la cause, et quittait l'audience pour
aller prendre la voiture de Paris.

Son client improvisé l'accompagna jusqu'au bureau, et voulut le contraindre à
accepter deux billets de banque.

— Allons donc! fit Crémieux, j'ai plaidé cette affaire en artiste, pour me désennuyer du voyage! vous ne me devez qu'une poignée de main. Bonsoir!

Et la voiture partit.

Les feuilles du Rhône imprimèrent l'anecdote.

Ce magnifique exploit de barreau fut connu à Paris le lendemain de l'arrivée de Crémieux.

Au palais de justice, on lui fit une ovation glorieuse. Les jeunes avocats se cotisèrent pour l'inviter, le jour même, à un banquet chez le restaurateur Grignon.

De retour à Nîmes, Crémieux eut à défendre M. Cabot de la Fare.

Celui-ci luttait contre le cardinal et

contre toute la famille de la Fare, pour maintenir dans sa généalogie ce nom qui lui était contesté.

L'habile défenseur prouva que le maréchal de la Fare était mort sans héritiers en 1752, et que les la Fare actuels avaient eux-mêmes commis l'usurpation dont ils venaient se plaindre au tribunal.

« Sa Majesté Louis XV, dit l'avocat, n'aimait point à voir s'éteindre les grandes familles. Soutenus par le cardinal de Bernis, les la Fare d'aujourd'hui arrivèrent bientôt à la cour, porteurs d'une généalogie fraîchement faite, et d'autant plus facile à établir, qu'elle n'avait plus de contradicteur légitime. Que dirent les courtisans, les meilleurs juges en cette matière ? Ils tournèrent le dos en chantant :

> La Fare i dondaine,
>   O gai !
>   La Fare i dondon. »

M. Crémieux a beaucoup d'esprit naturel. Il le fit voir dans cette circonstance et dans mille autres.

La vivacité de repartie, le trait jaillissant à l'improviste, la puissance du sarcasme, le don des larmes, le sentiment vrai, profond, sympathique, il a tout pour lui [1].

---

[1] Le *Figaro* (l'ancien) se montra donc parfaitement injuste lorsqu'il jeta ce quatrain insolent à la face de M. Crémieux :

> Bâtard de Cicéron, dans ta folle manie,
> Tu voudrais à nos yeux passer pour orateur.
> Crois-tu de Mirabeau posséder le génie ?
> Mais tu n'en as que la laideur.

Nous avons oublié d'annoncer au lecteur que notre héros s'était marié, le 2 décembre 1824, avec une jeune israélite de Metz !.

Madame Crémieux passe généralement pour une femme très-spirituelle et douée d'un grand cœur.

On nous assure qu'elle a ressenti le plus vif chagrin de voir son époux lancé dans le gâchis démocratique de ces derniers temps. Mais silence ! nous n'en sommes pas encore aux pages de l'histoire actuelle qui regardent M. Crémieux.

Il pourrait, à l'exemple du grand Condé, les déchirer l'une après l'autre sans nuire le moins du monde à sa gloire.

Mademoiselle Silny.

En juillet 1830, notre juif patriote court chercher à Lyon le drapeau tricolore, et revient le planter lui-même sur les édifices de sa ville natale.

Il voit au loin poindre à l'horizon le règne des avocats.

En conséquence, l'heure lui semble propice pour s'installer à Paris.

Lisant sur les gazettes la nomination d'Odilon Barrot à la préfecture de la Seine, il lui expédie sans retard cette lettre laconique :

« Ne vendez votre cabinet à personne, je l'achète! »

Presque aussitôt il arrive, et les députés du Gard, voulant tout d'abord lui donner une preuve de haute estime, demandent pour lui au grand chancelier la croix de la Légion d'honneur.

Mais Crémieux se refuse à une démarche personnelle; on ne le gratifie point du ruban.

Par la suite, le système s'est dispensé de le lui offrir. Il ne l'a pas encore; il ne l'aura probablement jamais.

Le 30 août, une ordonnance royale le nomme avocat aux conseils du roi et à la cour suprême, en remplacement de M. Odilon Barrot.

Chez le successeur, comme chez l'ancien titulaire, les causes abondent.

M. Crémieux, dès le 9 septembre, plaide

pour le *Constitutionnel* et le *Figaro* dans
l'affaire des gendarmes de Rhodez, et
Guernon-Ranville, un des ministres em-
prisonnés à Vincennes, le charge du soin
de sa défense.

L'illustre avocat n'avait point encore
laissé dans le tourbillon de mille affaires
contradictoires ce sentiment du juste et
cette droiture d'esprit que nous avons vus
chaque jour aller chez lui s'affaiblissant,
pour nous donner, en dernier ressort,
l'homme de 48.

Deutz, le juif infâme, osa le prier d'é-
tablir sa justification par un mémoire.

Crémieux lui envoya cette réponse :

« Monsieur,

« Toutes relations doivent cesser entre vous et moi; je vous ai entendu deux heures, c'est assez. Si vous étiez traduit en criminel devant un tribunal, si vous m'appeliez comme avocat, je ne vous refuserais pas mon ministère : tous les accusés ont le droit de l'invoquer. Mais vous êtes libre, dans tout l'éclat du triomphe lucratif objet de votre ambition; je n'ai rien à faire pour vous. Je n'arriverais pas à vous justifier aux yeux du public, la France est sourde à la justification d'une lâcheté. Il faut subir la honte quand on a consommé la trahison. D'ailleurs, je ne vois rien pour excuser un crime que je déteste, et qui ne vous traîne pas devant d'autres juges

que l'opinion publique. Si vous avez
compté sur moi comme votre coreligion-
naire, que votre erreur finisse. Vous n'ap-
partenez maintenant à aucun culte : vous
avez abjuré la foi de vos pères, et vous
n'êtes plus catholique. Aucune religion ne
vous veut, et vous ne pouvez en invoquer
aucune, car Moïse a voué à l'exécration
celui qui commet un crime comme le vô-
tre, et Jésus Christ, livré par la trahison
d'un de ses apôtres, est un fait assez
éloquent aux yeux de la religion chrétienne.

« Paris, 24 novembre 1832. »

Insérée dans tous les journaux de l'é-
poque, cette lettre eut un effet im-
mense.

Notre héros prêta successivement l'appui de sa parole à la *Tribune*, à la *Révolution de 1830*, au *Courrier Français*, au *Charivari*, à la *Caricature*, au *National*, à la *Gazette de France*, et à une foule de journaux de provinces, victimes des mesures répressives du pouvoir contre la presse.

Les sympathies de M. Crémieux appartenaient à l'opposition dynastique.

On a prétendu faussement que le parti républicain l'enrôlait déjà sous sa bannière. Il ne fit cause commune avec les démocrates que beaucoup plus tard. Encore ne doit-on pas le confondre avec les ambitieux dont il a eu le malheur d'être le collègue, et que la France juge avec

raison capables de tous les crimes politiques.

La preuve que M. Crémieux n'était
point hostile à la dynastie d'Orléans, c'est
que lui-même, en avril 1835, à la tête
du consistoire israélite, porta au roi une
adresse chaleureuse, dans laquelle il ex-
primait son indignation contre l'assassin
du boulevard du Temple. Chacune des
phrases de ce *factum* était due à sa
plume.

A dater de 1830, nous le voyons écrire
sur tout et partout.

Le manifeste adressé à la nation polo-
naise, lorsqu'elle réclama vainement l'in-
tervention de la France, est son œuvre.

Il imprime d'innombrables discours

prononcés par lui dans les colléges élec-
toraux et rédige des mémoires de toutes
sortes : *Mémoire pour les condámnés
politiques de la Restauration ; — Mémoire pour la réhabilitation du maréchal Ney ; — Mémoire pour obtenir une
réparation pécuniaire à la famille Le-
surque*, etc.

Le *Mouvement* et la *Nouvelle Minerve*
le comptent au nombre de leurs plus ac-
tifs rédacteurs, et rien de tout cela n'empêche sa prodigieuse activité au Palais de
Justice.

Il défend tour à tour l'ex-évêque Grégoire[1], en instance pour obtenir les arré-

___

[1] L'ancien conventionnel, à qui l'avocat n'avait
point réclamé d'honoraires, lui envoya un magnifique

rages de sa pension de sénateur sous l'Empire ; Armand Marrast, dans l'affaire relative aux fusils Gisquet ; Bastide, traduit devant les assises pour un recueil de satires politiques, intitulé *Tisiphone* (ces diables de républicains ont toujours eu des relations avec les Furies !). Jeanne, condamné à la déportation... Qui donc encore ? Ah ! les accusés d'avril, traduits devant la cour des pairs, et les saints simoniens ; — bref, une foule de causes plus ou moins singulières.

C'est à ce métier-là, monsieur, que

meuble de chambre à coucher. Quand l'abbé Grégoire mourut, en 1831, ce fut M° Crémieux qui pérora sur sa tombe. Chose étrange ! un prêtre chrétien loué par un juif, et ce juif parlant des vertus de feu l'évêque de Blois ! Du reste, c'était de la reconnaissance. En 93, Grégoire avait fait rendre aux israélites leurs droits civils et politiques.

vous avez fini par vous dépouiller du sens moral, ce qui arrive malheureusement à presque tous ceux de vos confrères qui embrassent la carrière politique.

Pas n'est besoin d'être un grand psychologue pour fournir l'explication de ce phénomène intellectuel.

Le plus honnête avocat du monde accepte trop souvent n'importe quelle espèce de défense judiciaire. Il cherche, on le conçoit, — ne fût-ce que pour garder sa propre estime, — à trouver bonne une cause mauvaise ; il se l'approprie, se passionne pour elle, la soutient avec une conviction profonde, et voit, par le fait même, disparaître bientôt de son âme les plus simples notions du juste et de l'injuste.

Tout le mystère de vos torts politiques est là, monsieur. Réfléchissez-y bien.

Le 9 décembre 1836, notre héros cède sa charge à M. Galisset, président du tribunal de Pithiviers, et plaide pour la dernière fois, devant la cour de cassation.

Il reste simple avocat à la cour royale.

Cherche-t-il à se donner une liberté plus grande et vise-t-il à quelque position politique? La chose est probable. Néanmoins il ne l'avoue pas encore...

Ici-bas tout arrive à son heure.

En attendant, il est bon de se faire des amis à droite et à gauche.

M. Crémieux se constitue le protecteur

de l'École centrale de Metz, sorte de sé-
minaire où se forment les rabbins. Il visite chaque année l'établissement, inter-
roge lui-même les élèves et leur distribue
des récompenses.

Voilà pour les juifs.

Il s'agit à présent de se faire bien venir
des chrétiens.

La commune de Lunel, entre Nîmes et
Montpellier, avait un procès fort rude à
soutenir pour son église. Crémieux se
charge de la cause, gagne en instance,
gagne en appel, et consacre ses honoraires
à l'achat d'un saint ciboire, qu'il expédie
aux braves habitants de ce chef-lieu de
canton.

Ceux-ci, touchés de reconnaissance, font

graver le nom de M. Crémieux sur le saint ciboire.

Puis, voulant perpétuer le souvenir de leur bienfaiteur, ils achètent son image et la placent dans l'église même, entre celles de Jésus-Christ et de saint Joseph.

Il est certain que jamais israélite n'eut pareil honneur.

Au Palais, M. Crémieux a la réplique vive et ne se laisse point intimider par les présidents de chambre.

Un de ceux-ci, à l'occasion d'un procès qui devait se plaider à huis clos, donne l'ordre de faire sortir tout le monde, y compris les avocats stagiaires.

Grand désappointement.

— Revenez, messieurs, revenez! leur crie le défenseur. Qui donc vous expulse de la salle?

— Moi, répond le président du haut de son siége.

— C'est impossible, dit Crémieux.

— Pourquoi cela?

— J'affirme que l'huissier vous a mal entendu, monsieur le président. Demain, dans six mois, beaucoup de mes jeunes confrères peuvent avoir à défendre un procès semblable. Comment sauront-ils s'en tirer?

La leçon ne manquait pas d'une certaine audace. On révoqua l'ordre en ce qui concernait les stagiaires.

Sept années auparavant, à Nîmes, comme l'avocat se livrait à une longue digression qu'il croyait utile à sa cause, le président lui dit :

— La cour voit avec regret que vous n'abordez pas le but.

— Je supplie la cour, répond M. Crémieux, de me continuer ses regrets encore pendant cinq minutes.

Et les juges de sourire.

On écouta patiemment la fin de la digression.

M. Frédéric Thomas, dans ses *Petites Causes célèbres*, raconte un fait qui donne une idée du talent oratoire avec lequel maître Crémieux aborde les points les plus délicats du discours.

Ceci avait lieu l'année dernière, à l'occasion d'un procès très-connu.

Le défenseur, poussé par un incident, fut obligé tout à coup de parler de lui-même, chose que beaucoup d'avocats regardent comme impossible.

Il s'agissait d'une lettre, dont madame Ronconi jugeait la lecture indispensable.

« J'ai voulu voir cette lettre, dit maître Crémieux, et savoir quelle main l'avait écrite. Messieurs, je ne puis pas combattre ce témoignage, et je vais dire pourquoi. Je connais de la façon la plus intime, depuis bientôt soixante ans, un homme dont la vie a été bien douce au Palais, bien agitée dans la politique, bien délicieuse dans son intérieur. Cet homme, le mouvement des révolutions l'a porté un moment au faîte du pouvoir; après quoi, par un de ces revirements que notre pays accueille toujours avec une si vive ardeur, il est tombé, le 2 décembre, dans une cellule à Mazas, avec bien d'autres, ma foi! »

Cela dit, il fait aux juges la lecture de la lettre.

Elle commence ainsi :

« Chère madame, je vous remercie de cet affectueux intérêt pour mon cher mari; c'est m'aller droit au cœur. Hélas! il ne m'a pas encore été permis d'aller l'embrasser et de lui parler des sympathies qui le suivent dans sa prison. Il est dans une cellule, tout seul, bien triste et ennuyé, lui qui ne vit que par le cœur, et qui n'est heureux qu'avec sa femme et ses enfants... »

Inutile d'aller plus loin pour faire comprendre que cette lettre portait la signature de madame Crémieux:

Frédéric Thomas ajoute :

« M. Crémieux a hérité du privilége de Montaigne, qui savait parler de lui sans offusquer personne. »

Ici la transition est fort simple pour apprendre à ceux qui l'ignorent que notre héros et sa famille sont intimement liés avec tout ce que la capitale renferme d'artistes célèbres.

Malgré ses innombrables affaires, l'avocat trouve moyen de se livrer à la plus noble des distractions, c'est-à-dire à son goût pour les arts. Depuis vingt ans il donne des soirées charmantes et très-courues, qui se sont perpétuées jusqu'à nos jours.

On sait ou on ne sait pas que M. Crémieux est le premier maître de Rachel.

Il a consacré bien des efforts à éclairer la profonde ignorance de la jeune tragédienne, mais sans pouvoir l'empêcher de faire aux questions qu'on lui adressait des réponses du genre de celle-ci :

— Vous me demandez pourquoi je n'ai point de larmes. Où voulez-vous que j'en trouve? ma mère m'a fait éplucher tant d'oignons!

Un soir, Hermione dit à Crémieux, en lui montrant une statuette :

— Quelle est donc cette femme nue ?

— Mon enfant, c'est la Vénus de Milo.

— Ah ! oui, je sais, murmura mademoiselle Félix avec un air de vive intelligence.

Le lendemain, elle rencontre Millaud, cet excellent ami du financier Mirès[1], financier lui-même et devenu propriétaire du journal la *Presse*, grâce à ses millions.

— Je vous fais compliment, mon cher Millaud, dit Rachel. Hier, j'ai vu votre Vénus, elle est charmante !

Hermione appelait Crémieux *mon papa*.

[1] Coups de canne à part.

Tous les jours elle avait soin de lui apporter sa correspondance officielle. Pour des raisons orthographiques très-sérieuses, l'avocat lui rédigeait son courrier.

Mais elle ne lui confiait pas la correspondance intime, ce qui a jeté dans le commerce des collectionneurs nombre d'autographes réjouissants, au point de vue du style et de la grammaire.

Nous arrivons au terrible scandale, qui éclata, d'un bout du continent à l'autre, dans les premiers mois de l'année 1840.

On devine que nous parlons des juifs de Damas.

Le grand rabbin de cette ville syrienne était accusé d'avoir tué un religieux, le père Thomas, à la veille des fêtes pascales, pour mêler son sang au pain des azymes [1].

Chez les Turcs la justice marche de la façon la plus expéditive.

Nos musulmans appliquent au grand rabbin des coups de bâton sous la plante des pieds en guise de torture. Le supplice arrache des aveux au patient, et chacun, dès lors, est convaincu du crime.

Au conseil des ministres, le petit Thiers assure d'un ton magistral que les juifs ont pris, de longue date, cette abominable coutume de saigner un chrétien la veille de Pâques.

[1] Voir les détails du meurtre dans le *Journal des Débats* du mois d'avril 1840.

Or maître Crémieux ne partage pas l'opinion de Picrochole.

Il reçoit de ses coreligionnaires d'Europe un mandat solennel, et part pour l'Orient.

L'affaire devait se plaider devant un tribunal composé de tous les consuls généraux, sous la présidence du consul de France.

M. Thiers y met obstacle.

Crémieux défend l'inculpé devant Méhémet-Ali tout seul, et gagne sa cause.

Avant la fin de septembre, le vice-roi fait mettre en liberté le grand rabbin de Damas, avec tous les juifs soupçonnés d'avoir pris part à l'assassinat.

On juge des cris d'allégresse et des applaudissements qui retentirent dans Israël.

Depuis Corfou et Trieste jusqu'à Francfort, le retour de M. Crémieux est un véritable triomphe [1].

A son passage à Vienne, le prince de Metternich lui donne audience, et les coreligionnaires allemands de l'avocat font ciseler, pour le lui offrir, une sorte de bâton de maréchal, en or massif, tout chargé d'inscriptions pompeuses.

[1] En sortant de Trieste, on trouve une côte énorme de quatre ou cinq kilomètres, appelée la côte d'Opchina. Trois mille juifs, les uns en voiture et le plus grand nombre à pied, accompagnèrent jusqu'en haut de cette côte le défenseur du rabbin, et lui firent des adieux pleins de larmes.

Les juifs de Paris se piquèrent d'honneur.

On peut voir, depuis seize ans, sur la table du salon de M. Crémieux, un énorme vase d'or, sculpté en commémoration du procès de Damas.

Dès ce jour notre héros est plus que célèbre.

Il ne tarde pas à être porté à la Chambre. Les électeurs de Chinon, par un scrutin quasi unanime, enlèvent leurs votes à M. Piscatori pour les reporter sur Crémieux.

Le voici donc en pleine lice politique, et le moment est venu d'esquisser en traits rapides ce caractère presque insaisissable, cette nature fantasque et mobile, où s'unissent par un bizarre alliage les qualités les plus admirables aux défauts les plus répréhensibles.

Janus n'avait que deux faces : M. Crémieux en a six bien distinctes.

Trois sont dignes d'admiration ; les trois autres nous semblent folles et grimaçantes.

On aime l'orateur, l'homme d'esprit, l'artiste; jamais on ne fera l'éloge du républicain, de l'amateur de popularité quand même, et surtout du juif restant juif sans conviction.

Nous développerons seulement son caractère à ce dernier point de vue. Les autres faces condamnables seront assez en relief par la suite même de l'histoire.

M. Crémieux a fait baptiser ses enfants.

Comme tendresse de père et comme prudence de citoyen, voilà qui ne mérite aucun reproche.

Mais que signifie cette aveugle persistance à défendre publiquement au dehors un culte qu'on trouve absurde dans l'intimité de famille? Pourquoi maintenir par système les israélites dans une doctrine religieuse qui les rend ennemis implacables de tout ce qui porte un nom chrétien?

Voyez l'histoire. A diverses époques les juifs furent persécutés sans doute; mais à quoi tenait cette persécution? A l'état flagrant d'hostilité dans lequel ils se plaçaient vis-à-vis du corps social, au milieu duquel ils forment, depuis vingt siècles, une sorte d'excroissance parasite et dangereuse.

Nous ne les accuserons pas, comme M. Thiers, de mêler notre sang au pain des azymes et de commencer la fête pascale par un assassinat.

Mais tout juif est convaincu, par esprit même de religion, que dépouiller un chrétien est une œuvre pie.

Cela rentre dans son acte de foi.

L'essentiel, pour cette race naturellement pillarde et sordide, est de sauter pardessus le Code.

Il faut de l'habileté, rien de plus.

Une fois la barrière pénale franchie, point d'inquiétude, point de remords. Tout est bien, tout est légitime. Des fortunes énormes se consolident, les millions s'entassent sur les millions. Comme il n'y a plus de Philippe le Bel pour contraindre les juifs à rendre gorge, ils arrivent par un escalier d'or aux honneurs, à la puissance, et nous croyons inutile de soulever les masques pour donner la preuve qu'Israël est aujourd'hui chez nous en plein triomphe.

M. Crémieux en sait là-dessus beaucoup plus long que personne.

A lui, le premier des juifs honnêtes de l'époque, appartiendrait le soin de moraliser la secte. Il ne le fait pas; il la maintient dans ses préjugés, il excuse ses fautes, il justifie ses manœuvres, et peut-être en est-il au regret d'avoir manqué sa fortune, en soutenant jadis, au plus grand déplaisir du monopole et de M. de Rothschild, que l'État seul devait s'occuper de la construction des lignes de fer. On comprend que le roi des juifs, indigné, ne lui envoya pas la plus petite action.

Tout cela dit, reprenons le fil biographique.

De 1842 à 1848, le député d'Indre-et-Loire est constamment réélu par le même collége. Si d'autres provinces lui offrent leur mandat, il le refuse, pour ne point abandonner ses fidèles électeurs.

Une fois on veut le nommer à la Rochelle.

Il expédie son camarade Baroche à sa place, et le souvenir doit aujourd'hui lui paraître piquant.

M. Crémieux sait mener de front la politique et le barreau. Jusqu'à trois heures il plaide au Palais de Justice; puis il se rend à la Chambre.

Son opposition devient très-passionnée.

Il lui est revenu que la reine Amélie déteste les juifs. Ceci lui enlève l'espérance d'arriver à un portefeuille, tant que la pensée de cette majesté dévote influera sur la formation des cabinets.

Tous les actes du gouvernement lui paraissent détestables.

Sa rancune est visible; il ne laisse

échapper aucune occasion de la témoigner aux Tuileries.

Maître Crémieux soutient l'affaire de la loge de l'Opéra contre le duc de Nemours. Apprenant ensuite que Teste et Cubières ont certains appuis sympathiques dans la famille royale et qu'on cherche à les dérober à l'action de la loi, il éclate à la Chambre en accusations réitérées, donne pleine carrière au scandale et fait traduire les coupables à la barre du Luxembourg.

Hélas! que de Teste et de Cubières juifs il pourrait dénoncer aujourd'hui!

Cette volonté ferme de chagriner le château se remarquait dans bien d'autres circonstances. La famille Bonaparte n'avait pas de conseiller plus intime que

M. Crémieux. Son excursion à Damas l'empêcha de servir de défenseur au prince Louis; mais il fit plus tard un voyage à Londres dans l'intérêt de ses nobles clients.

Il rédigea le testament de Joseph et reçut de précieux souvenirs de la famille impériale.

On voit dans le salon de notre avocat, sous une riche vitrine, la tasse à café de l'Empereur; la tabatière dont Napoléon se servait à Sainte-Hélène [1] et la soupière microscopique donnée par madame Lætitia au roi de Rome, le tout signé et certifié Joseph.

[1] Cette tabatière est enrichie d'une fort belle miniature, due au pinceau d'Isabey.

Nous avons sous les yeux les discours les plus remarquables de M. Crémieux à la Chambre.

Là, comme au barreau, nous devons dire qu'il a donné la preuve d'un talent supérieur. Il sait débrouiller les affaires les plus obscures; il prononce sur elles le *fiat lux* et n'a pas d'égal pour la lucidité de l'exposition.

C'est un orateur tout d'initiative; il brille par une foule de traits inattendus.

M. Crémieux émerveillait ses collègues du Palais de Justice et ses collègues parlementaires toutes les fois que se présentait une question artistique.

Il la traitait de verve.

L'homme de goût se révélait aussitôt; le littérateur érudit savait tirer de son érudition même des moyens vainqueurs.

Cent fois il a prêté aux artistes l'appui de sa parole éloquente, et toujours avec le plus admirable désintéressement.

Pourquoi la folle du logis entraîne-t-elle hors de leur sphère des hommes de ce mérite, et cherche-t-elle à les précipiter dans une arène où le talent s'égare et se met au service de la passion? Pourquoi ce talent devient-il ainsi regrettable et dangereux? Pourquoi devons-nous faire succéder le blâme à l'éloge?

Le régime constitutionnel n'a fait naître que des brouillons. Il a détourné chacun de sa route; il a jeté dans les rouages de la machine gouvernementale une complication saugrenue qui a fini par en occasionner la rupture.

Chacun donnait son conseil, chacun voulait diriger la manœuvre.

Il en résulta que le roi-citoyen, perdu dans ces mille opinions diverses, gêné par ces mille artisans maladroits ou ambitieux, devait nécessairement donner aux siècles à venir l'exemple d'une ridicule et prompte culbute.

On peut dire de notre héros qu'il fut le colonel des célèbres banquets dont Odilon Barrot se proclamait le général.

Aussi aveugle que son chef, M. Crémieux ne voyait pas la République derrière ce tohu-bohu soulevé par leur su-

blime éloquence. Il ne voyait pas même
une révolution, l'imprudent!

Jugez de sa surprise aux premiers coups
de fusil qui retentirent à ses oreilles.

Il s'empresse de courir au château.

Là tout le monde est ahuri. On ne sait
plus auquel entendre, et depuis la tour
de Babel on n'a pas vu semblable confu-
sion de langues et de discours.

Au milieu de ce désordre indescriptible,
le vieux roi, en costume de lieutenant
général, et paré du grand cordon, prête
l'oreille à l'un, prête l'oreille à l'autre,
hésite, tergiverse et ne décide rien.

Crémieux arrive. Il ne fallait plus que
lui!

— Eh bien, s'écrie-t-il, où en est-on ? quelles mesures a-t-on prises ?

— J'ai nommé Thiers président du conseil, répond Louis-Philippe.

— Ah ! sire, l'idée n'est pas heureuse.

— Le général Bugeaud commande la force armée.

— Voilà qui est déplorable.

— Mais alors que me conseillez-vous donc ?

— Il faut remplacer Thiers par Odilon Barrot, et le maréchal Bugeaud par Lamoricière.

— Allons, soit, j'y consens, fit le roi avec un soupir.

M. Crémieux sort avec Gourgaud, dans l'intention de calmer l'effervescence de la multitude en lui annonçant le parti qu'on vient de prendre. Ils aperçoivent dans la cour des Tuileries Bugeaud qui montait à cheval avec son état-major.

— Arrêtez ! arrêtez ! lui crie l'avocat. Vous allez faire répandre le sang !

— D'ailleurs, maréchal, vous n'êtes plus rien, dit Gourgaud.

Il lui fait part des nominations récentes.

Le vainqueur d'Isly hausse les épaules, met pied à terre et rentre chez le roi, où M. de Girardin, survenant après Crémieux et faisant prévaloir un autre conseil, décidait Louis-Philippe à signer son abdication.

Crémieux était encore dans la cour du château, quand plusieurs personnages essoufflés le rejoignent en criant :

— Le roi abdique, messieurs, le roi abdique !

— Hein?... ce n'est pas possible.

— Assurez-vous-en par vous-mêmes.

Notre avocat, stupéfait, retourne avec Gourgaud dans la chambre de Sa Majesté. L'abdication est positive; il ne s'agit plus que de séparer les combattants. Tous deux s'élancent. Ils arrivent au bout de quelques minutes sur la place du Palais-Royal, où se concentraient tous les efforts de l'insurrection.

— Ne tirez pas ! dit Crémieux. Nous

avons la régence, et la régence, mes amis, c'est la victoire !

On ne l'écoute pas.

Le feu continue du côté des municipaux et du côté du peuple.

Entendant les balles siffler autour de sa tête, Crémieux se glisse hors de l'action, rentre pour la troisième fois au château, et dit à Louis-Philippe :

— Partez, sire, partez ! ou vous êtes perdu !

Le roi, déjà fort pâle, devient livide. Il ôte son chapeau, son grand cordon, son habit, et murmure d'une voix étranglée par l'épouvante :

— Une redingote ! une redingote[1] !

— Monsieur Crémieux, dit le duc de Montpensier, je vous en supplie, accompagnez-nous. Votre nom pourra nous protéger si nous rencontrons le peuple.

Il était difficile de refuser aux fugitifs ce petit service.

Crémieux les accompagne jusqu'à la voiture et ferme lui-même la portière, pendant que le roi, toujours sous l'empire d'une terreur profonde, criait à son automédon de louage :

— Partez vite, partez !

[1] Ces détails et ceux qui suivent nous ont été fournis par un témoin oculaire. Nous en certifions l'exactitude.

Seulement alors, notre héros se rend à la Chambre, où le grand Odilon demande la régence pour madame d'Orléans.

Elle vient d'arriver là, suivie de son fils et de monseigneur le duc de Nemours.

Crémieux s'élance vers la duchesse, qui est sur le banc le plus élevé de la gauche.

— Au nom du ciel, madame, s'écrie-t-il, renoncez à vos droits de régente ! Il est trop tard. La victoire est au peuple, et le peuple ne sanctionnera pas ce que déciderait la Chambre !

— Mais, dit madame d'Orléans, je ne puis abandonner ainsi la couronne de mon fils.

— Voulez-vous prendre la parole ?

— Oui, monsieur.

— Me permettez-vous de rédiger ce que vous avez à dire ?

— Soit, rédigez.

Crémieux saisit une plume et trace alors ce fameux discours en quelques lignes, retrouvé, le lendemain, sur le parquet de la Chambre.

Nous aurions désiré le donner pour autographe à nos lecteurs, mais nous n'avons pas cru devoir le demander à M. Crémieux lui-même, auquel des amis complaisants l'ont rendu, tout maculé de taches de boue qu'avait imprimées dessus le soulier du peuple.

La duchesse ne fit point usage de l'improvisation de notre avocat.

Juste au moment où elle allait parler, la Chambre fut envahie. Nemours entraîna sa belle-sœur et son neveu.

Tout, dès lors, était perdu pour la branche cadette.

M. Crémieux demande le gouvernement provisoire. On le porte lui-même sur les listes. Nommé par le peuple, il est à quatre heures à l'Hôtel de Ville, et s'adjuge le titre de garde des sceaux.

Lamartine a raconté ces détails autrement que nous. Il est fâcheux qu'il se soit écarté du vrai d'un bout à l'autre de sa narration.

Jamais la plume d'un poëte n'écrira l'histoire.

A l'Hôtel de Ville, notre avocat partageait avec le chantre d'*Elvire* l'honneur inappréciable de répondre aux nombreuses députations qui envahissaient le conseil des nouveaux gouvernants.

C'est là que nous avons pu l'entendre paraphraser sur la *république des lettres* un thème fort spirituel et tout à fait de circonstance.

M. Crémieux est fort laid [1].

---

[1] Nous trouvons l'anecdote que voici dans un journal réactionnaire de 1849 :

« Une jeune et charmante étourdie, très-connue dans le monde par une ingénuité qui n'est pas toujours sans malice, entre dans un cercle où se trouvaient M. Crémieux et un grand nombre de dames. On parlait des

Néanmoins, quand il parle, on oublie cette laideur, et on le trouve presque beau, tant sa parole est sympathique, tant son œil rayonne de verve.

Chacun sait que la calomnie est de mode en temps de révolution.

L'homme dont nous écrivons l'histoire fut calomnié plus que tout autre. De lâches antagonistes l'accusèrent d'avoir pris au château le portefeuille de Louis-Phi-

saisons. L'une des assistantes préférait l'été, à cause du soleil, des eaux, de la campagne; l'autre vantait l'hiver, ses bals et ses soirées.

« — Ah! l'hiver! s'écrie la nouvelle venue; moi, je l'exècre, il est si laid !

« Puis, avisant M. Crémieux, elle prend un petit air confus et ajoute:

« — Mille pardons, monsieur, je ne vous savais pas là ! »

lippe : mensonge odieux, dont ses amis
eurent grand tort de s'émouvoir.

On se trompe en politique, on fait
même d'assez jolies sottises.

Mais on n'a jamais à craindre de per-
dre en un jour, et sur la foi d'un journal
hostile, une réputation qui a pour base
quarante ans d'honneur et de probité.

Devant sa femme, sa fille et son gendre,
M. Crémieux ouvre, un soir, la *Patrie*,
fait lecture à haute voix de quelques pas-
sages, et tombe sur un aimable *fait-divers*
où l'on assure qu'il a été rencontré, la semaine précédente, en Belgique, avec une
maîtresse du dernier ordre.

Il n'avait pas quitté Paris depuis dix-huit mois.

En vérité, ceci allait de pair avec le vol du portefeuille de Louis-Philippe; — comme si jamais ce prince économe et d'une prudence financière si merveilleuse avait pu, même dans le plus grand état de trouble, se laisser dérober un portefeuille!

Surpris par la République, M. Crémieux l'acceptait sans le moindre enthousiasme.

Il trouvait le peuple hardi jusqu'à l'insolence et le bourgeois timide jusqu'à la lâcheté.

Lui-même raconte à qui veut l'entendre que, se promenant dans les rues, à cette époque inqualifiable, il vit sur la place de la Bourse dix ou douze gamins se rassembler et crier à tue-tête :

— Des lampions ! des lampions !

Rien de surprenant à l'aventure, cela se voyait partout.

Mais, quand la place fut illuminée, ces mêmes gamins crièrent :

— Point de lampions ! des carcels !

Aussitôt les fenêtres obéissantes de s'ouvrir. On remplaça le modeste godet d'huile ou le vase à suif par des lampes magnifiques surmontées d'abat-jour.

— Point de carcels ! des lampions ! reprit la troupe railleuse.

Et les bourgeois d'enlever leurs lampes et de rallumer la mèche éteinte des luminaires primitifs.

Or M. Crémieux, qui se moque si agréablement de la poltrônnerie bourgeoise, ne fût pas lui-même d'un héroïsme bien caractérisé dans la circonstance qui va suivre.

Les Tuileries, chacun se le rappelle, demeuraient au pouvoir d'une horde de malfaiteurs, qui persistaient, malgré toutes les représentations, à ne pas déloger du château.

— Mon cher, disent les provisoires à Crémieux, vous êtes seul capable de les faire déguerpir.

— Croyez-vous? je vais essayer, répond-il.

S'affublant d'une vieille redingote, afin

de ne point offusquer par son luxe les hôtes déguenillés du Carrousel, il pénètre dans l'intérieur des appartements, suivi de M. le commissaire de police Trouessard.

Au premier mot qu'il prononce, il entend la crosse des fusils résonner sur les dalles, et les baguettes s'agitent dans l'intérieur des canons, pour bien lui faire comprendre que ni ministre ni commissaire ne modifieront le plan de résistance.

— Eh quoi! mes enfants, dit M. Crémieux, vous avez pris les Tuileries, et l'on oserait vous en exclure? Allons donc!... Restez-y tant qu'il vous plaira.

Celles des voitures de la cour qui n'avaient pas été brûlées sur la place du Pa-

lais-Royal échurent tout naturellement en
partage aux ministres républicains.

Notre héros eut la sienne, avec un fort
bel attelage emprunté aux écuries de l'ex-
roi.

Ayant à visiter Arago, qui demeurait
au Luxembourg, il prit ce splendide véhi-
cule, se fit conduire chez son collègue, y
resta vingt ou trente minutes à causer
d'affaires, descendit ensuite, quitta le palais à pied, suivit la rue de Vaugirard et
monta dans l'omnibus de l'Odéon.

Crémieux avait oublié sa voiture de ministre. Simple manque d'habitude !

Il faut dire à sa louange que, dans ces
mauvais jours, son administration fut
honnête et paternelle.

Encore aujourd'hui, tout le ministère de la justice, depuis le chef de division jusqu'au garçon de bureau, regrette M. Crémieux.

De ce qui précède, il résulte une vérité triomphante, et la voici :

Le héros de ce livre n'a pas l'ombre de conviction politique. Il voulait jouer un rôle, et ce rôle, il l'eût accepté du système, de la régence ou de n'importe quoi, si les événements n'avaient pas fait prévaloir le drapeau républicain.

Notre homme était là commé au Palais : pour ou contre, noir ou blanc, qu'importe?

On parle toujours.

Cela est si vrai, qu'un soir, au club

Martel, M. Crémieux dit à un monta-
gnard :

— Gageons que je fais pleurer tous ces
fougueux démocrates en leur parlant de
Louis-Philippe !

— Ah ! par exemple, dit l'autre, ce se-
rait fort !

— Gageons-nous ?

— Soit. Un dîner à discrétion.

— Va pour le dîner, fit Crémieux.

Il monte à la tribune, pérore cinq minutes sur une question ou sur une autre,
arrive par un détour habile à mettre en
scène les hôtes de Claremont, et parle des
grandeurs déchues, des revirements politiques, des tortures de l'exil, avec une élo-

quence si touchante, que le club entier
fond en larmes.

Crémieux gagna son pari.

Mais, en revanche, — et pour donner
notre opinion plus de force encore, —
ce fut lui qui prononça le dernier discours
républicain sur la place de la Bastille.

Une compagnie de voltigeurs s'arrêta,
le 2 décembre, à la porte de l'ancien ministre.

On le conduisit à Mazas d'abord, puis
au donjon de Vincennes. Il eut à subir en
tout vingt-trois jours de captivité.

Coïncidence bizarre ! le 2 décembre
était précisément le jour anniversaire du
mariage de M. Crémieux. On le célébrait

tous les ans par une joyeuse réunion de famille ; mais, hélas ! impossible aujourd'hui de conserver la même date à cette fête intéressante !

M. et madame Crémieux ont décidé qu'on la célébrerait à l'avenir le 11 octobre, jour de leurs fiançailles.

Aujourd'hui le Palais de Justice et les arts n'ont plus à disputer notre héros à la politique, et c'est un grand bonheur, ne lui en déplaise, pour lui comme pour les siens. [1]

[1] Il plaide au moment où nous écrivons pour l'éditeur Michel Lévy contre Alexandre Dumas. L'auteur des *Mousquetaires* réclame à sa partie adverse 607,801 francs. Si M. Dumas gagne (ce qui est invraisemblable); voici l'emploi que nous lui conseillons de faire de la somme :

1° A ses créanciers, pour apaiser les plus terribles

M. Crémieux est l'homme de la vie pri-
vée par excellence.

Il possède au degré suprême toutes les
qualités de l'époux et du père de famille.
De nombreux amis l'entourent. Il doit à
son bon cœur, à son obligeance rare et à

et leur donner à ronger un os mo-
deste. . . . . : . 350,000 fr. 00 c.
  2° A M. Auguste Maquet pour sa
part légitime de collaboration dans ce
qui restera. . . . . : 175,000   00
  3° A ses autres collaborateurs, en
diverses sommes, et au marc le franc. 82,749   55
  4° Enfin, pour sa part, au plus
juste.   51   45

       Total. . . . . . . : . 607,801 fr. 00 c.

Le partage ainsi fait, M. Dumas aura seulement la
conscience nette, attendu que, dans le cas présent,
charité bien ordonnée commence... par les autres.

son désintéressement cette affection générale qu'on lui accorde.

S'agit-il de rendre un service, il ne compte ni ses démarches ni ses peines.

M. Crémieux est le plus agréable narrateur du monde.

On assiste à ses soirées, moins pour entendre nos premiers artistes et la meilleure musique de Paris, que pour l'entendre lui-même.

Sa conversation pétille et son esprit est charmant.

Çà et là percent bien encore de légers ridicules, dus au souvenir de son triomphe éphémère en politique. Ainsi, par exemple, lorsque la conversation tombe sur les beaux jours du provisoire, le célèbre avocat n'oublie jamais d'employer cette expression pompeuse : *Sous mon gouvernement.*

Ah! si madame de Girardin pouvait l'entendre, elle qui s'écriait jadis avec une amertume si profonde :

— Dire que le canon des Invalides résonne quand M. Crémieux se dérange!

FIN.

Ministère
DE LA JUSTICE.

Cabinet
du Ministre.

RÉPUBLIQUE FRANÇAISE.

Liberté, Egalité, Fraternité.

Paris, 24 1848

Ami — Si vous voulez que avocat de
le Conseil à ..... pour la liquidation de
la liste civile et du domaine privé, les
deux bons républicains, avocats très
distingués, je vous signale .....
Desmarest et Cochéry, qui feront de
..... et que vous donneront lumière,
dévouement, probité.

à vous

Ad. Crémieux

Au Citoyen Varin

LES
CONTEMPORAINS
JOURNAL CRITIQUE ET BIOGRAPHIQUE

EUGÈNE DE MIRECOURT, Rédacteur en chef

BUREAUX A PARIS, RUE COQ-HÉRON, 5

Une publication qui, depuis trois ans, n'a pas vu le succès se ralentir pour elle, vient aujourd'hui prêter son titre au journal que nous annonçons.

M. Eugène de Mirecourt sera le rédacteur en chef de ce journal.

Tôt ou tard, l'auteur de tant de volumes, — loués sans restriction par les uns, impitoyablement dénigrés par les autres, — devait prendre rang dans la presse militante.

L'heure est venue pour lui de se défendre, en allant chercher sur leur terrain même les ennemis discourtois qui le poursuivent de leurs attaques.

LES CONTEMPORAINS, — ce titre engage.

Il annonce nécessairement une feuille toute d'actualité, palpitant, respirant en quelque sorte avec le siècle, et à laquelle il suffira de tâter le pouls, si l'on veut apprendre comment se porte le monde littéraire et comment se porte le monde qui ne l'est pas.

Toutes les richesses biographiques restées intactes dans le portefeuille de M. EUGÈNE DE MIRECOURT, et que le cadre restreint de ses volumes ne lui permet pas d'employer, trouveront ici leur place, en donnant le complément de son œuvre.

Critiques originales, nouvelles de bonne source, échos et bruits de la ville, anecdotes vivantes; portraits tantôt sérieux, tantôt grotesques, mais toujours ressemblants; cuisine mystérieuse des journaux, des revues, des théâtres, des académies; histoire complète de l'époque, écrite jour par jour avec vérité, discernement, conscience : — voilà ce qu'annonce le journal nouveau.

Quant à la polémique, — plus ses adversaires seront violents et grossiers, — plus M. EUGÈNE DE MIRECOURT s'affermira dans la résolution d'être calme, convenable et de bon goût.

———

Le journal LES CONTEMPORAINS paraîtra toutes les semaines, le mardi (52 numéros par an).

Lé premier numéro a paru le mardi 6 janvier 1857.

On s'abonne à Paris, rue Coq-Héron, 5.

Le Journal DES CONTEMPORAINS se vend

CHEZ GUSTAVE HAVARD, LIBRAIRE,

15, RUE GUÉNÉGAUD,

CHEZ TOUS LES MARCHANDS DE JOURNAUX

ET CHEZ

TOUS LES LIBRAIRES DE FRANCE ET DE L'ÉTRANGER

UN NUMÉRO : QUINZE CENTIMES

PRIX DE L'ABONNEMENT

POUR PARIS ET LES DÉPARTEMENTS

Trois mois : 3 fr. — Six mois : 6 fr. — Un An : 10 fr.

ÉTRANGER, — le port en sus selon les pays.

Le journal LES CONTEMPORAINS sera envoyé *gratuitement, comme essai, à toute personne qui en fera la demande par lettre affranchie.*

Pour le prix de l'abonnement, envoyer *une valeur sur Paris* — ou un MANDAT SUR LA POSTE à M. le Directeur du journal **les Contemporains,** rue Coq-Héron, 5. (*Affranchir.*)

PARIS. — IMP. SIMON RAÇON ET COMP., RUE D'ERFURTH, 1.

LES CONFESSIONS

DE

MARION DELORME

PAR

EUGÈNE DE MIRECOURT

———

Conditions de la Souscription.

Les *Confessions de Marion Delorme*, par Eugène de Mirecourt, formeront 2 vol. grand in-8° jésus.

20 gravures sur *acier* et sur *bois*, tirées à part, dessinées et gravées par les meilleurs artistes, illustreront cet ouvrage, qui sera publié en 60 livraisons à 25 cent.

Chaque livraison contient invariablement 16 pages de texte. Les gravures sont données en sus.

Une ou deux livraisons par semaine.

L'ouvrage complet 15 francs.

ON SOUSCRIT A PARIS

Chez GUSTAVE HAVARD, Éditeur
15, rue Guénégaud. 15

Et chez tous les Libraires de la France et de l'étranger.

———

PARIS. — IMP. SIMON RAÇON ET COMP., RUE D'ERFURTH, 1.